讓一切成爲最佳狀態，
最理想的未來

最適化的世界

並木良和——著
高宜汝——譯

給台灣讀者序

台灣的讀者，大家好。我是並木良和。

由衷感謝這次能在我喜愛的台灣，藉由這本書將重要的訊息傳達給各位。

我們原本就是自由又充滿力量的存在，什麼事都做得到、什麼角色都能勝任、什麼地方都去得了。

只要與我們的本質「靈魂」相連，這個天生的生活形態即會啟動。但現在的我們已經把這件事忘得一乾二淨。

現在世界處於前所未有的混沌之中。就像是來自宇宙的試煉般，測試我們在如此艱困的狀況，如何有創意地面對自己的可能性。

測試的結果，會讓我們回想起自己原有的力量，找回不論世界如何變化，也能達成夢想、隨心所欲生活的能力。

因為你的靈魂比你還明白，怎麼做才能帶你走向真正的幸福與豐碩。

期望這本書能幫助你開啟自己真心期盼的夢幻人生。感謝各位。

CONTENTS

✦

CHAPTER

2

每個人都能體驗逐漸最適化的世界

CONTENTS

✦

CHAPTER 3

找回並活出原本的自己

前言

自然地開始「最適化」

你好，我是並木良和。

首先，要對拿起這本書的你，由衷地說聲感謝。

這本書會敘說關於新一代基本生活方式的「最適化」。

也許現在的你，正有著悶悶不樂又煩惱的事情。

也可能你不知道自己到底在煩惱什麼。

又或許，你毫無煩惱、正為了有什麼新鮮事要發生而興奮不已。

無論你是處於哪種狀態，現在都必然會拿起這本書。

靈性世界有個說法：

「**沒有任何事是偶然發生，所有事情、所有相遇都是必然的。**」

因此，你拿起了我寫的這本書也毫無意外，是必然會發生的事。

我能直言，你的「最適化」已經開始了。

最適化到底是什麼？意思是讓周遭所有事成為「最佳狀態」。

最佳狀態換句話說，就是「最棒的自己」「理想的未來」。

或許你會覺得：「怎麼可能！這種奇蹟般的事情不可能發生。」

可是，這樣的奇蹟，正要發生在你身上。

無論你的表面意識是否期望，最適化都會開始。

這個意識的「期望與否」，正是最適化的重點。

比方說，相當類似的吸引力法則：

「只要期待發生，它就會被吸引過來。」

吸引力法則是實現夢想的好方法之一，不過，這個方法必須要自己先刻意去期望事情發生才行。

所以，對有明確目標、夢想的人來說，是個非常方便的工具。

不過，不是每個人都有明確的夢想。

想變得幸福的同時，卻不明白幸福是什麼的人，意外地相當多。

這世上事物琳瑯滿目，生活方式、愛人的方式、工作方式也越來越多樣化。

在這個漸趨多樣化的社會中，可能會迷失原本的自己，

所以才會發生不知道「自己想做什麼」的情況。

雖然我們有選擇的自由，但也因此可能出現好像選什麼都不對的煩惱。

只要找回原本的自己，最適化就會自動引發對你有益的事。

即使沒有許下「想要〇〇」「想成為〇〇」的願望，世界也會將最適合你的事物、在最佳的時機送到你手上。

「就跟做夢一樣！」

沒錯，引起如夢境般情況的，就是最適化。

這個地球，現在正劇烈變化中。

在這裡生活的我們，也毫無例外地會受到變化的影響。

「壞事連連，一件好事都沒有。」

「快被不安壓垮了。」

這樣的心聲，就連現在也不絕於耳。可是，這個變化並不是往毀滅或破壞的方向前進。

在盡頭等著我們的，是希望，是真正的幸福。

因此，才需要切換到最適化。

是的，最適化是自然發生的。

我們總算站上起點了。

你應該也已經做好準備了吧。

要不然，不會拿起這本書。

本書，會成為你最適化的契機。

如何最適化，從現在起我會一步步地告訴你。

序章

在大門關上前想告訴你的事

你會在最棒的時機覺醒！

二〇二一年十二月，大門會在冬至那天關上——一直以來，我在很多時機點及地方講過這件事。

究竟是什麼大門呢？是對意識「覺醒」的人敞開的大門。

至今雖然也有過幾次轉折點，不過我們全體人類終於要迎接做出最終選擇的時刻了。

在你打開這本書的這一刻，冬至早就結束了。別說是冬至，連二

○二一年也都結束了。

無論身處何時，現在這個瞬間、你正閱讀這段話的這個時間點，就有其意義在。

就算是之後才讀到這本書，也因為你已經選擇了覺醒，才與本書相遇。請放心，繼續讀下去吧。

你要往覺醒的方向前進嗎？

還是要往繼續沉睡的方向前進呢？

不管你選擇了哪邊都沒問題。

我是為了告訴這個世界「覺醒的時候來臨囉」，才來到這裡。即使如此，我不能、也沒有打算勉強叫醒那些想繼續睡的人。

因為做這種事毫無意義。

無論是誰，我們都是為了能隨心所欲度過人生才誕生的。

我們是自己決定來到這個地球上。

你的人生，是依你的選擇決定的。

看了天氣預報知道會下雨時，有人會放棄出門，也有人決定帶傘出門。也有認為天氣預報不準，又或是覺得淋一點雨也無所謂，所以不帶傘就出門的人。

跟這個情況一樣，聽到「是覺醒的時候了」，有人會想「好，起床吧」，當然也有「想再多睡一下」的人。就算選擇繼續睡下去，當然也沒關係。

只不過，接下來的人生想以覺醒的自己活著，還是以繼續沉睡的自己生活，這兩者的結果將完全不同。

是什麼不同？又會變得如何不同呢？

決定覺醒的人，接下來會開始逐漸最適化。

從日常小事開始，到重要的人生大事，每件事都會如字面上的意義般，在最棒的時機、以最佳狀態發生在你身上。

例如工作、例如有關家人的事，當回過神來，會發現神奇到不可思議的美好命運正等著你。

這樣講，或許有人會說：

「是因為吸引力法則在發揮作用吧。」

的確，最適化乍看之下和吸引力法則好像一樣，實際上並非如此。最適化的概念和吸引力法則的概念，兩者似是而非。

從覺醒的觀點來看，吸引力法則在基本意識上跟覺醒完全相悖。

也就是說，嘴巴上說著想覺醒，態度卻不像想要覺醒，這就是吸引力法則。

從吸引力法則轉往最適化的時代

吸引力法則出現在《祕密》（方智出版社）這本書。《祕密》是本基於專訪成功人士的同名電影，在二〇〇六年於美國出版的書。根據維基百科條目所述，這本書共在全球五十多個國家翻譯出版，總銷量超過三千萬本。對世界的影響力就是這麼驚人。

它以「想法會化作現實」的正向思考為主題，提出吸引夢想或願望的思考方式，在當時是劃時代的概念。

直到現在，這個法則仍是有效的。

吸引力法則就是「宇宙法則」，能適用於每個人，是毫無虛假的實話。

只不過，因為它在靈學界大流行，導致大多數的意識都偏往想吸引各種事物。

「錢可以吸過來」「還可以吸引車來」「人也可以吸引來」之類的欲望，以及「我一定要吸引成功」的執著，讓地球的能量越變越沉重。換句話說，所謂**吸引力法則其實就是自我意念、欲的意念**。可惜的是，**當眾人發出這些意念時，絕對不會是輕盈的能量**。

並非吸引力法則不好，是大多數人沒有理解法則的背景，僅專注在吸引願望這件事上，就會化身為強烈難解的欲望，讓地球本身的能量越來越沉重。

此外，**即使自己並沒有期望什麼，吸引力法則也會發揮效用**。像是在心裡悶悶想著「我到底該怎麼辦才好？我到底想做什麼？」的時候，也會發揮吸引力，將使人情緒低落的人事物吸引過來。

最適化則是只要保持原本的自己，就會自動生效的作用。嘴上說著「想吸引這個」「想吸引那個」，在偏離原本的自己的狀態下，透過自我或意識中的「小我」，吸引、強拉事物過來的行為，跟最適化的概念完全不同。

如果想覺醒，就必須超越吸引力法則。

如果選擇繼續沉睡，照原有的方式生活即可。可是，如果想從現在開始改變，得從吸引力法則轉移到最適化才行。

與地球共存的意識形態

現在，地球正輕輕地試著挑起波動。

若是大部分的人能從吸引力法則轉移到最適化的概念，也能幫助地球這波進化。

將軌道修正至最適化概念上，可以加快自身的覺醒，提升人生的品質，也能協助加強地球的波動。

這就是與地球共生下，相當重要的意識形態。

究竟該如何才能從吸引力法則轉移到最適化呢？**只要不再操縱他人，或是不再被人操縱就好**。

吸引力法則的最大優點，就是能隨心所欲吸引人事物到自己身邊。

若想要隨心所欲，就得去控制他人。結果就是打造出一個操縱的世界。

被操縱的世界，架構就像金字塔，形成身分階級制度。操縱者站在金字塔頂端，操控著底層的人們。操縱者給予被操縱者恐懼或不安，再藉由煽動這些情緒來控制他們——這種架構深深烙印在目前的世界。

錯誤理解吸引力法則，就意味著跟被操縱的世界同調。

相對的，最適化後的世界就在脫離操縱架構之外。

最適化是在自由意識下發動，使我們想起所謂的自己原本就是個自由意識。

運用吸引力法則時，必須先由自己去意識到想實現的事物。最適化則是自己沒有期望過的事，也會自然實現。總之，前者的基本意識是以「沒有」為主，後者則是以「有」為主。

所以從結果來看，即使發生了同樣的情況，兩種意識概念也完全不同。

若你期望的是覺醒，就必須脫離吸引力法則的意識。

代替吸引力法則的，便是最適化。

而覺醒的人，就從此刻開始最適化。

不要去吸引，試著順其自然

我記得自己是從二〇一八年開始使用「最適化」這個詞，接著在這兩年內刻意將這個概念傳達給大家。

在此先聲明，我不是想在這本書說吸引力法則不好。吸引力法則確實存在，它是宇宙法則的一種，也是不爭的事實。

而我自己其實非常擅長吸引人事物。

但是，我從某個時候開始對吸引力法則感到疲倦。

為了要吸引，得先訂定「某件事」「某個東西」等目標，然後再去吸引它過來。將目標改稱「獵物」似乎也可通。

得到自己鎖定的目標，是件令人開心的事。但在開心的同時，我總覺得不太對勁。

我已經忘了是什麼，或是為什麼讓我開始有這種想法，不過從某個時候開始，有種吸引力就是必須費盡全力去獲取的感覺。

於是，我決定放棄吸引力法則。

我覺得不要再耗盡力量去吸引，要試著隨波逐流。

決定不再靠自己解決，只是隨著自然安排。

「主流」原本就存在這世上。

我親自體驗到，**讓自己隨著浪潮起伏後，即使不奮力吸引，必需**

的事物也會好好地來到身邊。

而且這個做法從未讓我感到疲勞。

不用設定「想變這樣」「想得到〇〇」的目標或願望，也不用去祈禱，周圍的事情就會自然地處於最佳狀態。這就是最適化。

在某種意義上，這個狀態的確是吸引來的結果，不過它是以跟吸引力法則完全不同的意識形態，使理想狀態發生在我們身上。

《祕密》裡提到許多大師藉由吸引力法則改變人生。現在重新看他們做過的那些行為，其實都不是吸引力法則，而是最適化。

可是當時還只是「土象時代」（譯註：指木星與土星在土象星座會合的時代），我認為吸引力法則的概念正好是適合那個時代、淺顯易懂的表達。

大師們的確知道祕密法則。

只要知道法則並行動，周遭的事情便會如奇蹟般逐一最適化。

從土象時代轉移到「風象時代」（譯註：指木星與土星在風象星座會合的時代），**無論是誰都能像大師一樣生活，每個人都能成為大師的時代來臨了**。

若提到要步入這個階段的必備條件，那就是覺醒。

在新時代覺醒的人，都會開始最適化。

現在還來得及。

這個瞬間，就是你的最佳時機。

現在正是下決斷的時候。

嘿，起來吧。

一起體驗奇蹟吧。

CHAPTER 1

✦

為什麼吸引力法則會不順利？

吸引力法則到底是什麼？

《祕密》中提到，吸引力法則是個隱瞞世人好幾世紀的偉大祕密。

「這個『祕密』在代代相傳之中，有人熱切地想要獲得它，有人隱藏起它、有人失去它、有人偷走它，也有人耗費巨資買走它。

「連歷史上最知名的人們也理解這個從好幾世紀前就已經存在

的『祕密』，如柏拉圖、伽利略、貝多芬、愛迪生、卡內基、愛因斯坦等發明家、理論家、科學家，以及偉大的思想家們。」（引用自朗達·拜恩所著《祕密》日文版書封文案）

這代表因時代、地區及人的不同，法則並非完整無缺地流傳到現在。

那在那個時代，難道最適化不存在嗎？

宇宙法則與宇宙的存在共存。

無論是吸引力法則，還是最適化，就連宇宙法則本身，都是伴隨著人類的歷史，甚至從更早之前就已經存在。

因此，如果使用過吸引力法則的人在，那麼也等於曾經發動過最適化。

吸引力法則的大師們，其實是被最適化了。

大師們在《祕密》這本書中，從吸引力法則的角度來發言，但其實他們每位都是最適化領域的人。

吸引力法則從字面解釋相當容易理解，所以才有人擅自概括為「大師＝吸引力法則專家」吧。

提到過去各時代中處於最適化領域的人有誰，包括在《祕密》登場的人們，還可以回溯到佛陀與耶穌基督等人。

透過這些大師講述重要的意識概念，宇宙法則才得以流傳至今。

吸引力法則也絕非例外，但是就像「只要這麼想就能吸引過來吧」，用對自己有利的方式解釋，會偏離原本的法則。

實際上，有人因為吸引力法則而順利圓夢或成功達標，但另一方面，也有很多人覺得一點都派不上用場，什麼都沒吸引過來。

如果這真的是宇宙法則，應該毫無例外能實現每個願望才對。但即使如此，沒錯，吸引力法則還是失敗了。

就算成功吸引過來，也有像我一樣感受到有點不對勁且疲憊，或是為了使用這個法則結果生病的人。

吸引力法則為什麼無法順利進行呢？

本章我將會驗證這個情況。

驗證之後，不僅能知道它與最適化的差異，假如現在的你正悶悶不樂，也勢必能找出原因。

思考對自己而言的成功與幸福

「Master」這個字，大多用於表示主人、集團負責人，但也有學習與化為己物的意思。

學會吸引力法則、也就是學會宇宙法則的人，被尊稱為大師，先前也提過若要列舉幾位大師，可以追溯到耶穌基督或佛陀等人。

他們的確是特別的人物，但是從現在開始，更平凡的人也能變成大師。沒錯，所有人都能成為大師的時代來臨了。

吸引力法則因為心想事成這種淺顯易懂的解釋，一下子廣為人知。

不過，若說到是否每個人都能運用自如，答案卻不一定。

大部分的人都無法順利運用吸引力法則。

許願就能吸引結果過來——我覺得真正理解這件事的人並不多。

那為什麼無法順利運用吸引力法則呢？其中一個原因，就是**想吸引過來而許下的願望、夢想或目標，跟原本的自己所認為的不一樣**。

例如有「想成功」的願望時，所謂的成功究竟是什麼？

又如有「想結婚」的願望時，所謂的結婚到底是什麼？

有人認為成功是指「變成有錢人」，也有人覺得成功是「變得很有名」。

當然也有人認為成功是「擴大公司規模」，說不定有人覺得是

「擁有社會影響力」。

就算如此，現在再重新思考這件事，那個「成功」真的是自己所期望的事情嗎？

搞不好，所謂的成功只是「一般來說希望旁人能這麼看自己」的狀態，也有可能是某個人告訴你的定義。這不正是照著名人講述過的事情，自認為這才是所謂的成功嗎？

對你而言的「成功」，究竟是什麼？

你「真正期望的事情」，到底是什麼？

曾有位超過四十歲才創業，並在短時間內讓公司成功上櫃上市的經營者，他在業界被吹捧為時代的寵兒，幾年後卻陷入了破產危機。

他曾經喜愛自己的工作。可是，不知不覺間，那份喜愛的工作不再是自己的，而變成股東們的了。至少，他感到綁手綁腳。

「**這不是我所期待的結果**」，這句他不經意脫口而出的話令人印象深刻。

而這句話，正好點出了吸引力法則的盲點。

從旁人看來，他曾順利吸引成功到來。不過，如果他原先的期望，跟這個成功不同的話，從真正意義上來看，他其實無法將成功留為己物。

因為這跟他原本的期望有所偏差。

儘管想吸引不符合自身狀態的結果到來，也無法如願。

被「應該這麼做」的觀念束縛時

就算想簡單解釋成功，但成功的定義，又因人而異。
即使把別人認為的成功放在自己身上，也不可能順利。
這就是吸引力法則的盲點所在。
最適化，就在與成功失敗無關的領域中。
在這個領域，只有「經驗」。
當發生公司倒閉、生病，或是失去重要的東西等情況時，有時會感覺好像很失敗，可是，我們的人生中沒有「失敗」這件事。

有的只是體驗而已。

理解這點相當重要。

我們是為了體驗，才誕生在這個地球上。

並不是為了成功才存在的。

不是為了賺很多錢，也不是為了得到伴侶。

更不是為了結婚生子。

當然也不是為了有一間自己的房子，或是為了享受一家團圓的樂趣。

這些都只是一種「經驗」。

如果把這些事情當作人生目的，勢必會遇到瓶頸。

成功就是這樣、幸福就是那樣，像這類已經被灌輸的觀念，再加上若覺得要仿效前人的話，便會聚焦在自己沒有的東西上。

而意識到沒有錢的自己、沒有家人的自己之後，會開始認為自己沒價值、很無力，最後越來越憂鬱。

不過，時代逐漸改變。

據說上個世代的模特兒，無論如何都必須讓自己保持纖細，但現在則是不能瘦過頭。

許多「應該這麼做」「應該要那樣」的價值觀或概念，正迎接終點。

這些「應該要這樣」的事情，曾是許多人試著要吸引的事。

它們就像土象時代的遺產。

土象時代與風象時代的不同

二〇二〇年十二月，水瓶座的位置發生木土合相，開啟了風象時代。

「木土合相」是指木星與土星重疊的現象，一般認為合相發生時，社會也將發生結構上的改革。

上次的合相是在二十年前的二〇〇〇年，發生在金牛座上。

現在會被稱為風象時代，是因為這次的木土合相發生在屬於風象星座的水瓶座上。

順帶一提，西洋占星術將十二星座分成「火」「土」「風」「水」四種元素。

◎十二星座的四種元素

火象星座——牡羊座、獅子座、射手座。

土象星座——金牛座、處女座、魔羯座。

風象星座——雙子座、天秤座、水瓶座。

水象星座——巨蟹座、天蠍座、雙魚座。

木土合相約每二十年發生一次，但是兩百五十年以來，發生位置都在土象星座。

這次的木土合相卻發生在屬於風象星座的水瓶座上。因此，接下來的兩百五十年，木土合相都會從土象星座移動到風象星座。

風象星座最具象徵性的意義就是不限於單一形態，具多樣性。具有不限於固定形態的意識之後，就會啟動最適化。

最適化一啟動，身邊所有事情都會順利進行，說是幸福到無以復加也不為過。

因為對你而言，**真正的幸福會逐漸化為現實**。

明明沒有刻意許下「希望變成這樣」的願望，卻逐漸被引導至對自己而言的最佳狀態。

不需要去傷害他人或是傷害自己。

進入風象時代之後，地球的波動會變得比以前更輕盈。

這當然跟最適化開始運作有所關聯。

敏感的人即使不了解心靈領域的事，也會感覺到這種時代的變化。從年紀上來看，越年輕的人想法越有彈性，因此這種傾向似乎特別強。**無意識地理解心靈領域的人會開始增加**，這正是新時代藍圖上的安排。

例如，可稱為土象時代巔峰的八〇與九〇年代，有房子、車子都是一種地位象徵。但是現在越來越多年輕人認為不需要有車、不需要買房子。

比起持有，更傾向共享。

只要定期支付一定費用，就能利用內容或服務的訂閱制商業模式問世，也成為現代的象徵。

我們的確可以從這些事情上，感受到時代從土象時代轉移到風象時代。

你的願望為什麼無法實現？

刻意運用吸引力法則時，「有所希望」是個大前提。

如同我一直強調的，那個願望如果是原本的自己就有的願望，一定會吸引過來，也就是最適化。

無法順利運用吸引力法則的原因，是因為你沒有好好做到那個大前提。

那個願望並不是你由衷期望的事物，而是將某個人的期望，或是某個人說過「那是最好的」，誤認為是自己的，結果出現偏差。

為什麼這樣不好呢？因為你會被這個想法控制。

被「想要那個」「想要這個」的欲求或迫切期望控制、吞噬，這種結果只能說是不幸。

如果這個願望是你自己想要的，還可以勉強接受，但若是其他人的願望，你根本就是被他人控制了。

例如結婚，就算說「我想結婚，巴不得立刻找到人生伴侶」的人，只要慢慢問細節，大多會發現真正盼望結婚的是他的父母親。

「想快點抱孫子。」

「小孩年紀這麼大了還不結婚，別人會說閒話。」

正因為這種理由，父母才盼望女兒或兒子能結婚。

然後，女兒或兒子為了回應父母的盼望，才想要結婚。

父母親的願望，曾幾何時變成了自己的願望。

無法吸引這種願望成真，要說是不幸嗎？其實並不然。

明明運用了吸引力法則來吸引願望，卻無法順利成真的原因，說不定是因為這個願望不是你真正期望發生的事。

在某種意義上，這個狀態才是最適化後的結果。

吸引力法則跟最適化都是宇宙法則，不爭的事實是，它們也經常在運作。

也就是說，**最適化從很久以前開始，就在你身上運作**。

可是，為什麼現在才說要最適化呢？因為唯有現在，我們才能意識到最適化。

無法順利使用吸引力法則，並非不幸。

被除了自己以外的他人控制，才是不幸。

每個人都是為了體驗自己的人生才誕生於這世上。
不屬於別人的、自己的人生。
但是，在目前為止的地球上，有些人明明想享受人生，卻為此處處受限。
因為比起多樣化，一般認為照著樣板生活才是對的。
因為人們相信擁有就是豐收。
在那樣的時代感到難以生存的人，即使想使用吸引力法則也相當吃力，大多無法順利。

意識到是自己選擇誕生在世上

當覺得「我很衰」「只有我吃虧」的時候，往往會將原因歸咎於自己之外的人，或是某件事情上，例如「都是因為生在這種家裡」「都是公司不對」「都是政府不好」等。

會怪罪別人，是因為沒有「我是自己選擇現在的人生才誕生在這世上」的意識。

我們是自己選擇好所有人生細節，才誕生於地球上的。

要出生於哪個國家、要當哪對父母的小孩等諸如此類的事，當然都是自己選好的。

這就是靈性層面的真相。

首先，抱持這個觀點相當重要。

如果不知道是自己的選擇，就會搞不清楚為什麼自己在這個地方。

尤其是，當多次發生令你痛苦的事之後，這個想法會越來越強烈，你會開始責怪自己以外的某個人。

現在會處於這個狀態，是因為你需要體驗這個狀況。

因為想體驗，所以你選擇出生在這裡。如果沒有這種意識的話，沒辦法擺脫「我只是被誤生在這世上」的想法。

只會覺得「我又不是自願要出生在這裡的」！

當你有這種想法時，只會離真正的自己越來越遠。

不跟自己連結，就無法發揮自己的力量。

也沒辦法活在真正的人生中。

接著會越來越無法脫離「我很衰」「只有我吃虧」的狀況。

然後，逐漸開始怪罪別人。

自己無法升學、無法結婚都是父母的錯，覺得在公司不被認可是上司的錯，薪水低都是公司的錯。如果生病或遭遇天災，全都是命運的錯——充滿抱怨的人生。

若能覺得「過這種人生也沒辦法」還算好。

可是，正因為不想過這種人生，才會抱怨。

既然如此，要不要改變做法呢？

怪罪別人的時候，意識會離自己越來越遠。

要將意識拉回到自己身上。

去意識現在發生的事，全都是自己選好的。

光是這樣，就能找回自己的力量。

找回力量後，眼前看到的風景都會改變。

現在生病的人，說不定必須為此停止工作或是放棄夢想。

這時，即使憎恨自己生病，也只會讓心情跌落谷底。

在怪罪別人時，「都是自己的錯」也包含在背後的原因。

將現在發生的事歸咎於連同自己在內的「某個人」，將責任推給他。

不過，這不是任何人的錯，全部都是自己選擇而發生的。

為什麼自己在體驗這段人生？

「現在的人生，都是自己選好的。

「如果是這樣，不就代表果真是自己的錯嗎？

「我果然很衰。就是這個意思吧？」

人生不順遂的時候、覺得自己倒楣連連的時候，有人會有這種想法，但這種想法太極端了。

如果客觀看待人生，有一帆風順，也有不甚順利的時候。

可是，這些其實都是透過自己的視點去判斷好壞。我們是為了體驗人生中發生的事才出生於此。

不用說二〇二〇年發生的新冠肺炎疫情擴大等情況，這幾年其他自然災害、人為災害以及遭受波及的各種嚴重的事，正席捲著這個世界。

搞不好有人覺得：「為什麼出生在這種時代呢？」但是從靈性觀點來看，我們是知道這個時期會發生這些事才出生的。

例如二〇二一年一月一日出生的孩子們，都是知道自己的父母親是誰、了解父母的環境跟境遇之後才出生的。他們知道自己出生的地方發生哪些事情。

可能有人會覺得：「就算這樣，也不需要選在這種時候出生吧？」但是，孩子就是為了體驗這種辛苦才出生的。

換句話說，沒有非得是哪個時期，甚至也不需要在疫情嚴重的地方出生，而是刻意選擇在這個時期與這個地點出生。

某個意義上，這是相當具有挑戰精神的靈魂。

我常常將人生比喻為主題樂園的遊樂設施。應該有人會覺得不需要跑去鬼屋嚇自己，或是不需要搭雲霄飛車，體驗手心直冒汗的刺激感受。可是，玩鬼屋或雲霄飛車的人，就是想要有那種體驗才排隊等待。

「既然要體驗，比起轉一次，乾脆轉兩次、三次還比較有趣」的想法，說不定是選擇在這個時代出生的人的共同點。

有人認為，不可能是為了體驗辛勞才出生。

不過，靈性層面的真相就是為了體驗這些辛勞，你才出生在這世上，而現在正是體驗的時候。

為什麼這麼想要體驗呢?因為出生在地球之前,你從未有過這種體驗。

我們在出生之前是「完全的存在」。

在沒有操縱也沒有控制的世界,沒有比較或嫉妒的世界,我們是從各種欲望中解脫的存在。

所以,我們想去地球看看嫉妒是什麼,有人想去看看成功是什麼,也有人想要體會一下挫折是什麼。

就這樣,我們在地球體驗完之後,結束了這段人生。

就連說著「我的人生也太辛苦」的人,來到生命的終點時,心情也會跟走出鬼屋時一樣:「可是,很有趣。」

再強調一次,**我們是在某種程度上,了解這段人生會發生的事之**

後才出生的。也就是說，我們做好了面對這些事的準備。

你的人生會發生各種事情。

有人會覺得沒有比現在更痛苦的事。

可是，你已經做好面對這些事的準備。

你已經具備可以克服這些痛苦體驗的能力，才來到這裡。

沒有所謂輕鬆克服這種事。要克服這些困難，一定不簡單，因為你正是為了體驗這個困難，才來到地球的。

可是，請記得，**這些困難都不是突然發生的，它們對原本的你來說，都是預料之內的事。**

所以，你一定沒問題。

跟你一樣，身邊的人也一定沒問題。

人生發生的事，不是任何人的錯。

我們是知道這些人生發展，並且為了體驗才出生的。只要知道這一點，就能了解遇到痛苦的事也不需要去責怪別人。

如何感受或看待自己的體驗？

怪罪別人的時候，無法順利啟動吸引力法則。

如果身邊有人將不順利都怪罪別人、總是抱怨連連，你應該也會忍不住說「這樣不好喔」。

我覺得自己是為了告知各位覺醒的時機，才誕生在地球上，我的工作就只到告知為止。

告知後，不去理會對方究竟覺醒了沒，因為那是由各位自己決定的事。

以上這些話，說不定會讓人覺得自己被拋棄了，但並非如此。

我由衷認為，自己做出的決定不是別人能說三道四的事，包含我在內。無論是誰，都討厭自己的人生方向被人強迫吧？

人生最重要的，是享受當下。

講到享受，可能會覺得是有趣地過日子，不過實際上有點不同。如果換個說法，說是「品味」也許比較合適。

盡情品味人生中發生的事，才有誕生於此的意義。

發生不好的事情時，會有想讓它好轉的心情，如果無論如何都無法改變的話，又會開始去怪罪別人。

可是，假如無論好事壞事，都把它當作是為了讓自己有所體驗才發生的話，就不需要去改變什麼了。

事情不是分好壞，而是看自己有何感受、如何看待。隨著看法的不同，你的人生也會跟著改變。

想法改變後，是否不管何時都能改變自己呢？

就算發生什麼事，看待那件事的看法、想法也是可以千變萬化的。

有人悲觀地看待生病這件事，感嘆自己運氣不好；也有人將重點放在生病後才得以體驗的事情上，樂觀地去克服它。

所以，在公司因景氣不好破產之後，有人因為失業怨恨不已，也有人認為是轉職的機會。

同一件事，會有悲觀及樂觀兩種看法。

要選擇哪種，完全在於你。

對於發生在身上的事，覺得自己很沒出息、怪罪別人，是悲觀的想法。

相反的，「我體驗到這件事了」「我從中學到一些事」，則是樂觀的想法。

說不定一直以來總是偏向悲觀想法的人，只要改成樂觀的看法之後，也能創造出和以往完全不同的動向。

話說回來，使人不小心變悲觀的事情，人生中經常發生，像是生病、工作失敗、遭遇預料之外的別離，我們會想怪罪別人。不只自己身上發生的事，與家人或關係友好的人發生衝突時，也會遇到同樣的情況。

這種時候，正是察覺自己對人生的看法與視角，然後改變它的好機會。

而這些悲傷的事，也是為了要傳達訊息給你才發生的。

察覺到這一點，並且能夠樂觀地接受它，人生才會真正開始改變，因為最適化開始啟動了。

可惜的是，察覺到這一點的人並不多。

發生束手無策的狀況，是相當痛苦的。

要是能怪罪別人的話，就能輕易且暫時地從痛苦中解脫。

可是這麼做，在真正意義上不但什麼都沒改變，連被救贖、跨越難關都做不到。

只是一味地繼續過著抱怨的人生而已。

你真的覺得，這樣的人生好嗎？

成功活用吸引力法則的人，是與自己心意一致的人。

交由他人擺布人生，是無法達到心意一致的。因此，也無法順利吸引到結果。

只要了解這一點，從現在這個瞬間起，最適化就已經開始了。

順著直覺，而非靠義務行動

與自己心意完全一致的話，即使沒想吸引什麼，吸引力法則也會自動開始作用。

這樣一來，即使沒許願也會實現願望。

不用再祈禱，也不用去期望——因為最適化已經開始了。

接著，在最適化開始之後，你會變得有點忙。

可能有人會覺得：「明明連祈禱都不需要了，為什麼還會變忙呢？」

那是因為人生開始最適化，意味著你開始和宇宙相連了。和宇宙連結之後，各式各樣的資訊跟靈感就會降臨在你身上。面對這些來自宇宙的資訊，有著肉體的我們必須開始行動。有肉身，代表必定伴隨著行動。

來自宇宙的訊息，可以藉由突然出現的跡象或體感來接收。最適化包含這個過程——讓行動符合自己感覺到的事。

不行動，就無法達到最適化。

所謂連祈禱都不用，不是指什麼事都不用做。只是呆呆地等待，吸引或最適化都不會發生。

簡單來說，只要開始最適化，你會非常明確地知道自己接下來該怎麼做。

「啊，現在繼續睡覺吧。」

「啊，現在要起床行動了。」
「啊，現在來打掃吧。」
「啊，現在打電話給那個人看看。」
「啊，現在去那裡吧。」

像這樣，現在應該要做的事，會變得更清晰明瞭。

不過，「現在應該要做的事」，這說法並不妥當。

因為「應該要做」含有義務的意思。

這不是義務，而是自己明確知道哪些行動比較好。

接著，只剩下去做那件自己知道該做的事。

「雖然知道做了比較好，可是很麻煩耶」的想法，代表心意跟行動不同調。

透過與行動同調，便會觸發必要的發展。

例如，突然想到「去那裡看看吧」，代表你接收到訊息。按照訊息內容行動之後，會遇見讓你覺得「就是想遇見這種人」的對象，或是掌握到自己「一直都想知道」的情報。

然後開始覺得順著自己的感覺行動真是太好了。

這就是最適化。

「要去哪裡才能得到情報呢？」

能將這個答案吸引過來的，就是吸引力法則。

到現在為止，說不定你也接收過訊息，但是沒有採取任何行動，這就是無法順利吸引結果的原因。

即使如此，也不是要你毫無頭緒地行動。有時候會出現目前不行動比較好，按兵不動反而帶來好結果的情況。

包含不行動在內，自己去決定現在要做什麼。

CHAPTER 2

每個人都能體驗逐漸最適化的世界

信賴浩瀚的宇宙洪流，順流而行

什麼是最適化？這一章將會更深入地解說。

最適化之後，你會開始臣服。

「臣服」（surrender）被翻譯為「降服」「投降」或「放棄權利」。說起來，語感上偏向「死心放手」或是「不得不」。

可是最適化中的臣服，儘管意指放棄，但跟死心放手不一樣。

最適化中的放棄，是指**放棄自己的控制權**。

不再讓自己控制。

信賴浩瀚的宇宙，並委身其中。

這就是臣服。

在海裡、河裡或是泳池游泳時，應該都曾經讓自己順著平穩的水流浮動。我指的就是這種狀態。

全身放鬆，感到非常舒服的狀態。

沒有擔心自己會流到哪裡的不安。

因為你知道即使被水流帶走，也一定會被帶到最合適的地方。

只要成功臣服，就能感受到自己正在最適化。

進入這種狀態以後，你會越來越信賴宇宙，同時也加速最適化。

換句話說，**所謂的最適化，是以「被滿足的意識」為基礎**。

相對的，吸引力法則其實是逆流前進的行為。

因為你試圖將現在還不屬於自己的東西吸引過來，光這點就必須靠自己出力才行。這代表「不滿足的意識」是它的基礎。

這又是一個吸引力法則與最適化之間的巨大差異。

能夠順流而行，是因為信賴肉眼看不到的浩瀚存在及力量。

或者，也可以說是因為信賴自己本身。

如果認為在浩瀚的宇宙洪流中，有著浩瀚宇宙的安排，那麼就不需要感到不安或擔心。這意味著在某種意義上，自己比自己意識到的更明瞭靈魂層面的願望。

如此就能拋棄「我想這麼做」「想那麼做」「我要這樣做」的想法。

不靠自己控制，順流而行，就能持續最適化。

察覺內心真正的期望

吸引力法則需要目標或目的，最適化卻不需要。

人生是自己選擇的結果。這說法並沒有錯。

即使如此，還是有不少人不知道該怎麼選才好。

你也能感受到，順流而行就是最適化的狀態。

試著進入這個狀態後，會發現：「這不就是最佳狀態嗎？」

吸引力法則中，倘若沒有目標或是目標並非原本的自己所期望的，就算想吸引也吸不過來。

但人又不是一直都能有明確的目標。

即使明白自己想脫離現在的狀態，卻不清楚哪種狀態才是最好的。因為不清楚，立下的目標才會偏離原本的自己。如此，吸引力法則便不會啟動——這樣陷入惡性循環的情況其實也不少。

再強調一次，最適化不需要那些成為惡性循環的目標或目的。**沒有目標也可以好好抵達最適化後的終點**。

最終，會因此察覺到自己所期望的結果。

發現：「啊，原來我自己想這麼做。」「我做的所有事，都是為了這個結果。」

自己都沒察覺到的願望或期望，開始現身了。

人在意識深處，都知道自己期望的究竟是什麼。

可是，表面的自己卻察覺不到，才會煩惱「該怎麼做才好」「該做什麼才好」。

最適化之後，總算能遇見真正的自己。

滿滿都是值得感謝的事！

最適化中，感謝的心情是最不可或缺的。

沒有這份心，就無法最適化。

在這個時代，用言語表達謝意的人很多。

被職場的上司責罵後，不是說對不起，反而說謝謝的年輕人，聽說並不少。

當然，這是件非常美好的事，但似乎有時候會淪為形式。這樣一來，即使說再多句謝謝，也不是真正的感謝。

以「只要有說就好了吧」的心情來道謝，本身的頻率不會變成感謝的頻率，這就跟沒道謝一樣。

不含真心的感謝話語，不具有感謝的頻率，因此也無法吸引到值得感謝的事。

時常抱持感謝意識的人，就能啟動最適化。

進入最適化的意識狀態，意味著放棄去掌控與控制。

單純地處在感謝意識中，會發現身邊充滿值得感謝或是想感謝的事情。

把感謝當基礎。光這樣就會像奇蹟般，遇見充滿喜悅的體驗。

結束沉睡形態，轉換為覺醒形態

到目前為止，努力不是件壞事。

在吸引力法則中，至少你努力讓願望實現了。

不過，努力跟奮力其實時常讓我們遠離自己的生活形態。

從我的觀點來看，這種努力代表仍身處沉睡的世界。

在沉睡的時代，努力或用盡全力是非常重要的事。

當然，不是說在這時代之後，努力會變成錯誤的事。

只是，現在我們已經進入覺醒的循環之中。
為了覺醒，必須放棄一直以來的生活形態。
這代表目前為止的沉睡形態將要結束。
最適化是不需要努力或用盡全力的狀態。
因為，只要在這個世界活得像自己，所需要的一切事物就會來到你身邊。

吸引力法則不是不好，也不是比較差勁。
至今的努力跟用盡全力也絕非錯誤。
可是，我希望你能了解跟這些做法完全不同的新做法。
那就是最適化。
你想選哪一種呢？——單純只是這個問題而已。

改變意識，人生就能逐漸最適化

最適化會發生在每個人身上。

雖然會發生在每個人身上，但是意識形態必須轉變為最適化的意識。

舉例來說，有人的意識只會吸引不幸。

即使告訴他們最適化會發生在每個人身上，他們也會認為這種現象只會發生在特別的人身上，反正自己什麼都不會改變。

這裡我想強調的是，宇宙法則沒有任何例外。

沒有「只有這個人很特別」這種事。

當然，現實世界中有些人看起來是特別的人。可是，這並不是因為他們有特別待遇，而是因為他們的意識跟大家不同，結果變得相對特別。

如果真的認為「反正我就是無法改變」，就會一語成讖，因為你透過吸引力法則，將這種狀態吸引過來了。

最適化雖然會發生在每個人身上，可是必須將意識轉變為最適化的狀態。

「反正」這個詞有放棄或自暴自棄的含義。自己放棄自己，推入深淵。

先前提到的臣服，也有放棄的意思，它跟「反正」似是而非。

最適化重要的，就是與自己的關係。

如果放逐自己的意識，就無法啟動最適化。

另外，如果抱有被害者意識的話，也沒辦法成功最適化。

「反正我這種人一定不行」的想法，一聽之下像是在看扁自己，但其實是覺得責任不在自己身上。

無須多說，這種狀態當然做什麼都不會順利，尤其是貶低自己的念頭，只有負面影響。

言語本身有靈魂，謙虛的話如果說太多次，不知不覺也會變得跟自己講的一樣。

我們每個人都是完整的存在。

所以才說，最適化會發生在每個人身上。

祈禱若變成詛咒，會消耗自己的人生

時代逐漸最適化，之後越來越多人及社會都能實際感受到最適化。另一方面，也有完全沒被最適化的人。而且不只人，在某些有限的類別及領域裡，也會發生同樣的情形。

這些差異到底在哪裡呢？就在意識形態中。

轉換成最適化意識的人，他們的最適化會開始加速，人生也會開始改變。

相反的，過多久都沒進入最適化，反而還消耗人生的人，他們的意識問題就在於堅持己見。

無論如何都將「我」「我自己」放在最前面，消耗他人的能量。因為硬要照自己想的做，會在無意識間啟動掌控（控制）的意識。

先前說過，想控制或是掌控的行為，非常消耗能量。照自己想的做，其實是一件非常累人的事。

因為會在不知不覺間，無意識地設下條件或限制，例如「一定要這樣」「不這樣的話不算幸福」「不這樣的話稱不上富足」。

比方說，覺得男朋友一定要又高又帥又有錢的話，為了吸引符合條件的人到身邊，就必須非常強烈地許願。

然後許願變成「祈禱」，若是太過執著還會變成「詛咒」。

陷入泥沼的人會越陷越深，最後消耗了整個人生。

詛咒就是祈禱對方能遭遇災厄的咒念。

祈禱跟吸引會變成詛咒，都是因為注入了堅持己見的意念。

因為想著「絕對要他」「是我的話可以吸引得來」，便會將意念發散出去。這除了詛咒外，什麼都不是。

傳遞出去的能量會回到自己身上

在吸引力法則的意識中，最恐怖的就是願望變成祈禱，然後走錯一步變成詛咒。

也許自己完全沒有那種打算，但就像之前說過的，無意識注入意念，再加上吸引的力量，最後變成詛咒。

詛咒他人兩座墳，意味著如果咒殺他人，自己也會因為對方的恨意而遭報應殺害，所以會有自己跟對方的兩座墳墓。

詛咒，會造成業。

「業」的意思是「行為」，如果現世留有惡業，會為來世帶來負面影響。

等同於你做出了會反彈到自己身上的事。

因為「體驗給予」與「接收傳播」是宇宙法則。

如果發出詛咒的能量，會整個反彈到自己身上。

你會體驗到被詛咒的人生。

像是錯過時機的狀況變多，或是原本順利、甚至幾乎成定局的事，在最後的重要時刻化為泡影。

讓你忍不住思考「為什麼會變成這樣」的事會持續發生。

因為從沒打算詛咒他人，說不定許多人因此察覺不到自己「被詛咒的人生」，但這些都是小我引起的。

舉個簡單的例子，有人一時之間變得超有名，卻因為一些小事突然人氣跌落谷底。

這種人據說是在人氣暴漲時，太相信自己的力量，讓欲望越來越大。

相信自己的力量不是壞事。

也因為每個人真的都有力量，我反而還希望你可以相信自己有力量。可是，若覺得只有自己有力量的話，會漸漸開始偏離正軌。

獲得金錢或權力之後，小我跟自我會使人越來越目中無人。

「竟然這麼簡單就能如我所願！」

「那個人會對我言聽計從！」

「這一切都在我掌握中了耶！」

這些情緒會越來越壯大。

然後，會在自己沒察覺到的時候變成詛咒。

比如要對方照自己說的做——代表控制他人。而當它變成詛咒時，會反彈回自己身上，最終迎來突然跌落谷底的結果。

這狀況不只在公眾人物身上發生。

像是有人會對地位或年紀比自己小的人虛張聲勢、態度囂張。為什麼會擺出這種態度呢？大概是因為感謝的心情消失了吧。

原本心懷感謝的事，曾幾何時變成理所當然。這種轉變會變成走下坡的起點，都是因為宇宙法則。

可惜的是，人如果將心懷感謝的事視為理所當然，就容易感到不滿足，想要依自己的任性來面對一切。

最適化的基礎在靈魂

如果將小我與自我視為控制欲或掌控欲的話，它們會是非常強烈的欲望。

因為力量相當強，必須放棄其中一個。

不然，就無法臣服了。

換個角度來說，放棄掌控欲生活的人，一定會走向最適化。

會自然形成明明沒有特別去意識，卻漸漸最適化的生活形態。

然後，**最適化的人有不少都會認為自己運氣很好**。

他們的感覺完全無誤。

或許很多人認為運氣要靠自己吸引過來，不過若想透過吸引力法則提升運氣，意外地沒那麼簡單。

之前說過，在浩瀚的宇宙洪流中，有著浩瀚宇宙的安排。**順流而行，正是開運的不二法門**。

因為順流會啟動最適化，讓我們在有需要的時候，需要的東西自然現身，最終運氣也會變好。

最適化不是需要努力才能啟動的現象。

因為宇宙法則是不變的真相，無論何時都存在於此，我們只要去察覺它就好。

我說過在運用吸引力法則時感到疲倦，現在要講的就是跟疲倦有關。

我仔細思考過這個問題：明明吸引力法則順利運作，所有事都如願以償，可是卻感到疲倦，這是為什麼呢？

如願以償是「自我」在作用，是想照自己的想法控制一切。不過，仔細思考之後發現，不須硬要照自己的想法行動，只要變成最適化的狀態，就能真正如願以償。

這裡的「如願以償」，若在吸引力法則的情況下，基礎會是自我、小我，或是「無」這類不滿足的意識。

但若在最適化的情況下，基礎會是靈魂，說是高我也可以，也有人說是某種偉大的存在。所以，那個意識會時常感到滿足。

最適化的基礎在於自己的本質，這可能是跟吸引力法則最大的不同。

CHAPTER 3

✦

找回並活出原本的自己

不知道自己到底想做什麼的時候

「你的夢想是什麼？」

被問到這個問題時，你會不會坐立難安？

被問到自己的夢想時，能脫口而出的人意外地少。

二十幾歲剛從學校畢業的人，回答不來還情有可原，但是四、五十歲的人被問到夢想時，有時也會猶豫不決，不知該如何回答。

「才沒有夢想咧」這種答案，好像會顯得自己很無趣。

吸引力法則的時代，是充滿夢想的時代，好像每個人都必須明確回答出夢想才行。

無法明確回答的話，會被說人生失敗。就是這種時代。

直到現在，覺得沒有夢想、沒有目標是件壞事的人，似乎還很多。

他們認為沒有夢想的自己是沒有價值的。

所以硬是要擠出夢想。可是，這本書裡也講過很多次，這樣做可能會讓自己抱有不屬於自己的夢想。

好不容易決定好夢想之後，如果掌握了要領，說不定還能好好操控，然後把它吸引過來。

不過，這裡有一個陷阱。儘管運用吸引力法則將夢想吸引過來，但是因為夢想不屬於本來的自己，所以即使到手了也無法感到滿足。

如同先前說過的，就算實現他人的夢想，也無法真正感到滿足。

即使得到想要的大筆金錢、跟最棒的伴侶結婚、有車有房，就算在那瞬間感到滿足，也會立刻發現還不夠，想吸引更多更多、比之前有過之而無不及的東西。

為什麼會這樣呢？因為自己的內心相當空虛。

為什麼會空虛呢？因為跟原本的自己想要的不一樣。

如果跟原本的自己同心，就會因為契合感到滿足。

會放心讓此時此地的自己行動。

如此便進入最適化的狀態。

然後，「啊，這種也不錯」「搞不好能做到這樣」「能那樣的話就太棒了」，諸如此類，突然想到或感覺到的事情，會自然又簡單地出現。

這是因為能做到這些事的條件全都備齊了，所以才能跟願意協助你的人相遇，或是做到原本覺得絕對不可行的事。

因為吸引力法則的基礎是「『無』的不滿意識」，所以就算吸引了任何東西過來，都無法為此滿足。可是，以高我這個連結萬物的意識，也就是以「『有』的滿足意識」為基礎的最適化，不管誕生出來的是什麼，一定能讓自己感到滿足。

跟原本的自己同心生活

以原本的自己活在這世上，最適化就會自然發生。
原本的自己，也能說是原來的自己。
只要跟那個自己同心生活，所有事情都能順利。
然而，吸引力法則就不是這樣了。
之前也說過很多次，這是因為偏離了原本的自己。
所謂的吸引，是指按照原本的自己生活就會任意發生的事，卻因為做不到才不得不做些多餘的行為。

結果不僅沒跟自己同心，反而更拉開距離，這也是因為吸引力法則。

為了吸引，還得多費心力。

只是稍微移動去拿個東西，跟完全不動也能拿到相比，仍是費力的方法。

只要待在這裡就能逐漸自然成形，卻要特意跑去拿，不論是動作或用力的方法都不一樣。

最適化是一種「放輕鬆，只要待在這裡就好」的生活形態。光這樣就能引發所有你需要的事情。

想跟某個人見面時，只要想就能成真。

若是吸引力法則，還得刻意去想「我想見他」「我想見他」「我想見他」，為此耗費心力。而最適化只要抱著滿足的意識存在，腦中一想，就能達到所有想法成真的條件。

沒有人是與他人毫無關係的

進入風象時代後，與人的關係以及橫向關係，都比之前還重要。風象星座非常擅長溝通。現在大大小小的社群出現，成為個人重要的活動場所，「關係」會開始受重視或是變得越來越重要。

以原本的自己活著雖然非常重要，不過，跟誰一起以自己的生活形態活著，也一樣重要。

人無法隻身活著。僅是考慮到與宇宙的連結，就知道沒有人是與他人毫無關係的。

可是，有時候人會擅自認為自己是完全與他人無關的孤獨存在。這是當現實特別嚴苛，覺得走投無路時容易出現的想法。

這時候，即使有人告訴你，只要活在這世上就好，你也一定不會相信。

反而還會認為，活著會不會造成別人困擾。

但也正因為這樣，才更要覺得只要活在這世上就好。

你絕對不是孤身一人。

想著自己一定要有希望或夢想的話，會變得心急或不安，開始悶悶不樂。

可是，最適化完全不需要這麼做。

不用自己去決定夢想或目標，最好的情況就會自然地以最佳的方式實現。

悶悶不樂的現在，或許會覺得這種情況難以置信。

可是，就算生病，也可能是日後的必備經驗。

重要的是和自己常伴左右。

和自己同心生存。

放鬆身心，只要活在這世上就好。

這樣一來，所有必需的事都會漸漸成形。

真正的你的靈魂層級期望，會確實地在身邊發展成真。

結束一直抱怨的人生

以真正的自己活著就好。

縱使心裡明白，但「現在」或許還是做不到。

持續三年的新冠疫情帶來的影響甚大，實際上也感受到疫情帶來的環境變化，讓越來越多人覺得不順遂。

醫療問題、經濟問題等也會波及個人生活，讓人暴露於嚴苛的狀況中。但是比這狀況更糟糕的是，因為遇到這些問題，整個社會變得怨聲連連。

不管是誰，事情發生後都能出張嘴說「那樣做比較好」「這樣做比較好」。

問題發生時，將責任推卸給別人很簡單，可是這樣做什麼都不會改變。至少，無法用這種方式拯救自己。

簡單來說，就是欠缺對自己人生負責的體驗。

前一章提到，我們是選擇了這個人生才誕生的。

從靈性觀點來看，我們沒有資格到現在才抱怨這個時代或事態。不對自己的人生負責，就無法活出真正的自己。明明只要有這種意識，就能通往最適化，但就是做不到。

怪罪別人，怪罪國家，自己不負責任。

放棄自己的責任，就是偏離本來的自己的生活形態。

在這種狀態下，人生絕不會順利。
維持這種狀態，會讓你一頭衝向時常抱怨的人生潮流。
怪罪別人，換個講法就是，「因為那個人，讓自己有這種情緒」。
也就是，被他人掌控了。
你還想活在被掌控的人生中嗎？
對自己負責任，就是自己去控制、分配。
只要能做到這點，就可以脫離掌控。
找回自己的力量。
當你開始怪罪別人的瞬間，等於將自己的力量借放在對方那裡。
所以，你會越來越無力，沒辦法轉動自己的人生。
陷入這種情況後，只能走回抱怨的世界，活在被掌控的人生。

責備別人，世界也不會改變

和自己同心相當重要，但有時候也會有「今天好像有點偏離了」的日子。

這時候，只要從偏差的地方走回正軌就好。

好好地察覺偏離的情況，然後再修正成與自己同心的狀態就好。

況且，光是察覺到自己的偏差，就意味著是客觀地觀察自己。只要有這種意識，就能回到正軌。如果偏離變成理所當然，就無法察覺到，而一路偏離下去。

說到為什麼不能偏離，是因為偏離之後會出現縫隙，多餘的東西會藉機跑進來。

夾著什麼的矛盾感如果無法消失，會慢慢地感覺不到自己。「不知道自己想怎麼做」「不知道該往哪裡走」，接著漸漸無法熱衷於活出人生。

如果與自己之間的縫隙變大，就會離自己越遠。離自己越遠，不安跟恐懼都會開始夾在縫隙中，使人生走向悶悶不樂。

與自己同心的時候，因為沒有雜物可以跑進來的縫隙，所以能隨時保持安定。

會覺得「不知道為什麼，可是很幸福」。

不管發生什麼，或是什麼都沒發生，都能感到幸福。

無論誰在或不在，都能感到幸福。

不是因為財務狀況這樣才富足，是不管財務狀況怎樣都覺得富足。

這種狀態，就是進入了最適化的領域。

之前說過最適化就是什麼都不做，也會自然成真的狀態。也就是由自己啟動最適化的意識。

重點就在於無論是什麼樣的自己，都不去責備。

意即，不去評論。

像是「啊，偏離了，改回去吧」，保持這種程度的簡潔感即可。

可是，還是會忍不住批評。

「為什麼會做這種事啊我」「我這種人真的不行」，說著不是那樣、也不是這樣，開始幫自己貼上各種標籤來批評。

這種做法不但無法幫助自己走回正軌，還會更加偏離。

承認並接納全部的自己——只要有這種意識，就能立刻恢復成自己。

充滿評價的生活，是遠離自己的生活形態。

因為「那傢伙竟然連這種事都做不到」的想法，是將注意力放在自己之外的地方，這恰巧是讓意識遠離自己的做法。

和自己同心。只要能自然地做到這點，好的意義上也能做到不在乎他人。

大家都能好好專心在自己的人生上，不僅不再評論自己，也不會想去評論別人。

當日常的小煩躁難以消失

就算知道評論不是好事，可是有時身邊仍會出現光看便令人煩躁不已的人。

「為什麼這麼隨便啊！」

「為什麼做事這麼慢啊！」

對方的舉手投足都讓你相當在意，有時連待在相同空間都感到痛苦。如果對方是職場上的夥伴或客戶，更不知道該如何是好。

我們在現實世界中體驗到的，其實都是內心的投射。

例如因人際關係感到煩躁，是因為將自己投射在對方的某個部分。

宇宙是照映出自己的一面鏡子，所以靈性世界常說它只會反映出自己。

為對方的隨便感到一肚子火，是因為自己也有隨便的地方。

因為自己有這個特點，才會特別注意到。

如果自己完全沒有這個特點，即使發現對方很隨便，也不會因此感到煩躁。

用什麼來評論對方，只有在對外投射出內心有的特徵才會發生。

當對某個人感到煩躁時，請察覺這個簡單的原理。

試著去思考：「說不定我自己也有這種習慣。」

這樣思考能讓注意的焦點，從對方轉移到自己身上。

原本朝外的意識，開始朝向自己。
如果是朝外，就會責怪對方。
如果是朝內，就能成為內省的契機。
這不代表朝外就是不好，朝內也不一定就是好的。
煩躁沒有所謂的道理。
有時候會對煩躁的自己感到煩躁。
重要的是，盡可能不堆疊煩躁。
無論是對他人，還是對自己，都不要過於責怪。
以「有時候就是會這樣」的心態來接受整個事態，也能讓自己的心情輕鬆一些。

聆聽心聲來發現徵兆

你身邊是否出現過這種人呢？明明一直很有活力地一起工作，卻突然不來公司上班了。

可能是得了憂鬱症，或是身體不適住院。也有可能你本身曾陷入這種狀態。這種狀態可能會讓周遭人或者自己感到驚訝，但是從靈性的觀點來看，淪落到那種狀態之前一定有徵兆。

平時就去察覺徵兆，是相當重要的。

另一方面，我們察覺不到徵兆的原因，或許是因為從來沒有傾聽過內心的聲音。

比方說，我們應該能聽到「放鬆一點比較好喔」「休息一下比較好」，或是「交給其他人比較好喔」「向他人求助比較好」之類的聲音。

只要能聽到這個聲音，就不會變成那麼糟糕的狀態。可是，人生中發生的事全都是經驗，經歷這些事也有其意義在。

所以，無論是遇到哪種情況，都不要過度詮釋，是相當重要的。

身邊如果有正為某件事困擾的人，試著去思考怎麼搭話、自己能如何幫助他。

例如，「我覺得，這麼做的話搞不好會更好喔」「我想，這個做法也許會更順利唷」，像這樣給些建議也不錯。

只不過，從幫助人的意義上來看，最能支持對方的做法，就是讓自己注意到**對方的靈性意識是完整的，是有百分之百力量的人**。

若是把對方看成有所困擾的人、悶悶不樂的人、遇到困難的人，有時會更加強這種意識。

我們的意識，有著能擴大意識焦點（某件事或某個人）的作用。

當我們負面地看待對方，例如將他看成「可憐的人」，並把這個想法放在對方身上的話，會把他塑造成更可憐的人。

原先打算安慰對方，卻因為意識作用，反而像替對方宣判了死刑。

對那個人無論說什麼都好，但絕對不要忘記對方是有百分之百力量的完全意識（存在）。

也許你覺得對方很可憐，但是從意識層級來看，他根本一點都不可憐。

要相信對方只是現在選擇辛苦，在體驗這種狀態而已，只要改變選擇，隨時都能脫離，然後靜靜地守護。這大概是你能為他做的唯一一件事。

這種守護的方式，能夠騰出讓對方改變的空間。

雖然以至今的常識來看，會覺得：「咦？」不過我們還是要去思考對方真正想做的事情為何。

有時候也要試著停下腳步

有人覺得工作很痛苦，也有人覺得工作很有趣。

我自己是屬於後者，就算是工作，也不把工作當工作。

我能處於現在的狀態，真的充滿感激。

所以，即使再忙、覺得事情再多，也不曾為此感到辛苦。因為我在做自己想做的事，所以非做不可的想法也慢慢減少。

我只是在做自己想做的事，可是這樣，做的事會增加。有時候，也會因為要做的事變多，覺得有點辛苦。

接連而來的必做事項全擠在一起的時候，因為物理上仍只有一個身體，我也不會分身術，只能自己來。

「分身術」是指同時存在於多個場所的能力。如果有這種能力，人生不知道能輕鬆多少。

可惜的是，以現在的地球波動，還是很難做到。

既然如此，身為有肉體的人類，無論是誰一定都有這些負擔。

但是，只要和自己同心生活，就不會那麼疲憊，因為你可以立刻察覺到「現在休息一下比較好」的徵兆。

勉強自己而搞壞身體的人，大部分都對休息敷衍了事。他們沒有去傾聽這個徵兆。

舉例來說，不眠不休努力的人，不管做的是再好玩的作業，沒有充足的睡眠就是不好。

睡眠非常重要，因為睡覺的期間，我們會脫離肉體去做各種事。

你或許聽過「靈魂出竅」這個說法。每個人在睡覺時，都會去體驗，然後整理內心、療癒自己、準備未來等，真的會在不知不覺間經歷這些體驗。

我們在好好重整的同時，活在每一天。所以若睡眠時間不夠，就不能順利完成這些步驟，現實才會出現問題。

不過，要做的事情如果太多，可能會因為要想辦法完成而感到焦急，覺得一天二十四小時根本不夠用，才會去削減睡眠時間。雖然能理解這種心情，但是從能量上來看，這就像急著找死。

好好休息，刻意停下腳步，這都是為了活出本來的自己。

CHAPTER 4

✦

以能量術來整備環境

無法補充能量的時候

現在自殺的人變多了。

活在世上，找不到希望或任何東西，最後自我了斷。

得知有這些人存在，或是身邊有人陷入這種情況時，會覺得相當痛心。

或許也有人是自己正陷入這種狀況。

我們可以避免這種事態發生嗎？

首先，簡單來說，跟自己連結指的是經常毫無障礙地從自己的高我，或是本質上自己的靈魂接收到資訊與能量。

這時候的意識狀態，就是在遇到任何問題的當下，幾乎能同時得知「該怎麼做才好」。

因為這個資訊會藉由靈感降臨。

「這個該怎麼辦才好？這樣做試試看搞不好可行。」

「這個要怎麼辦？要走哪邊？嗯，好像左邊比較好。」

像這樣處於能巧妙掌控自己人生的狀態。

另一方面，遠離自己則是陷入無法補充能量，也沒有靈感降臨的狀態。

所以會變得不知道該如何是好。

整個人的狀態就像深入迷宮般的森林一樣，意識漸漸蒙上一層霧，變得看不見周圍。

然後，四面楚歌又走投無路，被逼到哪裡都去不了也無計可施的境地。

說真的，只要抬頭往上看，就能發現上方是空曠的，但在那時你看不到這片空曠。

被牆壁包圍之後，視野跟意識會越來越狹隘。

用顯微鏡般的意識來眺望現實，所有的光芒都會被遮掩起來。只覺得沒有任何解決方法，變得只能逃進與社會斷絕的世界。

滿腦子都是這種想法，把自己關在家裡足不出戶，沒辦法擺脫在家蹲的狀態，最後演變成選擇自殺。

跟自己連結，代表只要跟自己同心，光芒就會一直存在。光芒，會灑落在你身上。

明朗的狀態下，沒有任何遮掩物，世界是非常清澈的。

但是，離自己越遠，就會漸漸遠離光芒。不知不覺間，就被逼進了黑暗的世界。

你只是被眼罩遮住雙眼，只要拿下眼罩，就能馬上找回光芒。

而為了拿下眼罩，得找回自己。

只要能找回自己，光芒就會瞬間灑落在你身上。

不要在肉體與精神上逼迫自己

現實實在太過辛苦，當遇到讓自己苦痛的情況時，不管怎麼做，意識都會專注在外界，絲毫不是能面對自己的狀態。

這也是為什麼光是應對外界就會竭盡全力。

這時候，身邊的人意外地不太能感受到我們的痛苦。

就算本人毫無餘力地在應對，但從他人看來，不用說痛苦，看起來甚至像你正積極處理這件事。

明明已經心無餘力，但是不想讓別人看到，表現得跟平常的自己沒兩樣。

越被認為是完美主義者、努力者，或是能幹的人，越有這種傾向。

結果最糟糕的情況就是，肉體被逼迫到絕境時病故，或是精神被逼迫到絕境時自戕。

在步入這個階段前，會突然罹患需要住院治療的疾病，或是會因為變得憂鬱沒辦法再去上班。

這時無論是身邊的人還是本人，才第一次發現自己的狀況有多糟糕。

突然出現的疾病，是來自宇宙的強制結束。

因為宇宙認為你絕對需要讓肉體休息，或是絕對需要面對自己的時間，才引發這種狀況。

或許有人想問，為什麼要逼迫自己到這種境地？因為就是有人不到這種境地，不知道要放棄努力。

我有位經歷過這種狀況住院的朋友，她告訴我「住院之後放心了」。就連自己都感覺到這樣下去不行，還是繼續勉強自己，試圖獨自跨越困難的狀況。

若是可以，淪為這種情況前讓自己適當休息，騰出面對自己的時間相當重要。

試圖隻身解決問題，不能說是好事。

能得到周遭人幫助也是最適化，如果硬要自己一個人處理，等同於拒絕最適化。

當來自宇宙的強制結束徵兆傳遞到你身上，就不要抗拒，順著這個安排走吧。

因為現在的你，需要這段時間。

在能專注於自己的環境中面對自己

察覺到自己的不適，是非常重要的。

只要還保有肉身，理所當然會感到疲倦或不適。

像超人一樣隨時保持能量滿滿的狀態，一定會出問題。

在最適化中，逞強是大忌。

逞強意味著不合道理，或是難以進行的事。這跟最適化隨遇而安的基本態度完全相反。

但生活難免還是會逞強一下，說不定這也讓你有些成就感。

可是，如果太逞強，或是逞強期間過長的話，就需要療癒自己的時間。

本書一直強調，要療癒自己，我們能做的就是找回自己。

有時候，窩在家裡也是一種找回自己的方法。

空出只有自己一個人的時間，窩在裡頭。

這時，給自己一個能專注在自身的環境。

試著問自己：「我這樣下去沒問題嗎？」「我真的活在自己想要的世界裡嗎？」「我有活出自己期望的生活方式嗎？」

只要能騰出面對自己的時間，就能幫助自己達成同心。

開始與自己同心的瞬間，「啊！這麼做就好了啊！」解決問題的方法就會靈光一閃地出現。

為了和自己同心，推薦大家務必要刻意遠離現在的情況，或是試著窩在家。

也可以試著與人保持距離。

舉例來說，跟伴侶不和，看到對方覺得煩躁，不知道怎麼辦的時候，選擇暫時分居說不定不是件壞事。

像這樣保持距離，就能營造出專注在自身的環境。

用能量術找回自己

這裡，要介紹能找回自己的能量術。

我把其中一種能量術稱為「扎根」，另一種稱為「歸心」。這兩種都是我自己定期執行的技術。

實踐這些能量術後，就能找回自己，與自己同心。不只如此，還能跟地球相連，感受自己與地球合為一體，是非常強力的能量工具。

如果能維持這種意識狀態，也能啟動最適化。

當能量工作變成習慣，就能從悶悶不樂的世界脫身。

因為，你開始知道自己怎麼做才對。

悶悶不樂，是因為你不知道該怎麼辦才好。

被逼到對所有事情都覺得受不了，所以摀住耳朵不想聽。

隔絕所有事情，在跟所有地方、所有人都沒有關連的世界裡，獨自一人站立著。這就是悶悶不樂的世界。

透過能量工作，開始跟自己、跟地球連結，這個世界就會改變。

扎根與歸心之後，光芒會開始照耀你，也能好好補充能量。宇宙傳來的靈感跟資訊，也能好好接收。

是的，只要跟自己、跟地球連結，也會跟宇宙相連。

你會開始了解：「我，在這裡。在這裡，這麼做就好。這樣做就好。」

知道接下來要做什麼，剩下的就是讓行動與想法一致。這點非常重要。

到了這個階段，你會感覺原本悶悶不樂、以為黑暗的世界，突然變得明亮開闊。

用扎根與地球相連

能量術的扎根與歸心，每個人都能輕鬆做到。這兩種技術都需要用到「心像」，所以也稱為「心像術」。

每種技術都有許多實行的方法。先從扎根開始介紹基本做法。開始扎根吧。

首先，坐在狀似椅子的任何物體上，雙腳腳底一定要緊貼地面或是地板。

這就是基本的起始動作。

然後兩手輕輕合十。

雙手合十，可以讓能量在全身上下循環。

接下來，收起下巴，自然地伸直背部。

輕輕地閉上雙眼。

閉起眼睛，可以遮斷外界的光線或景色等資訊，專心在自己身上。

接著深呼吸，調整姿勢，讓自己放輕鬆。

將意識放在脊椎尾部（尾椎骨附近），繼續深呼吸。

情緒會漸漸地穩定下來。

這時意識集中在尾椎骨附近，若以脈輪來說就是「第一脈輪」。

能量術

◎扎根

1〔起始動作〕

❶坐在椅子上，兩腳腳底貼緊地面或地板。

2〔基本動作〕

❷雙手輕輕合十，收起下巴，伸直背部。

❸輕閉雙眼。

3〔練習作業〕

❹將意識放在脊椎尾部（尾椎骨附近），繼續深呼吸。

4〔心像作業〕

❺想像脊椎尾部有顆「能量球」（跟壘球差不多大的光球）。

❻想像能量球上有條光繩，自己沿著光繩爬到地球的中心。

❼因為光繩連接著地球中心，所以自己跟地球也在能量層級上相連。

❽將體內的負面能量想像成黑煙，它透過光繩流往地球中心。

❾黑煙被淨化成白光，像是要填滿全身，又經由光繩流回體內。

❿反覆想像多次，等白光充滿全身後即結束。

脈輪在梵語中意味著「圓」「圓盤」或「車輪」，是氣或能量出入的能量中心。

我們身體有七個能量中心。能量中心就是脈輪，分成以下七種。

◎七種脈輪

第一脈輪——在生殖器與肛門間，位於會陰部，支撐著「根」。

第二脈輪——位於丹田（肚臍下方十公分處），與性有關。

第三脈輪——位於肚臍與橫膈膜之間，和內心相連。
第四脈輪——位於胸口，又稱心輪，與外界相連。
第五脈輪——位於喉頭下方，防止與負面能量同調。
第六脈輪——位於眉間，又稱「第三眼」，能看透本質。
第七脈輪——位於頭頂，與最高次元的存在相連。

實行扎根，活化第一脈輪很重要。
專注在第一脈輪並呼吸一陣子之後，接下來進行下一個心像作業。

想像尾椎骨附近有顆壘球大的光球。
想像尾椎骨在發光的畫面，光的大小就跟壘球差不多。
這顆光球一開始相當模糊難辨，可是持續練習心像，專心將意識放在光球上的話，它的形狀就會越來越明顯。這顆光球名為「能量球」。

然後，繼續想像。

在能量球上，有條光繩。

將這條繩子，往地球的中心延伸吧。

光繩穿過椅子，穿過地板，連地面也穿越了，直挺挺地往地球中心延伸下去。

實際上從地表到地球中心，距離大約有六千四百公里，但是在想像中，光繩一瞬間就能抵達中心。

當光繩已經長到能碰到地球中心的時候，就把地球跟光繩連在一起。

沒有固定的連法。你可以像插插頭一樣把繩子插進地球，也可以像吸盤一樣把繩子吸在地球上，或是拿繩子一圈圈綁住地球也可以。

總之，只要把地球中心跟光繩連在一起就好。這樣一來，自己跟地球就能在能量層級上相連了。

連好光繩之後，將意識專注在身體上。

體內累積著緊張、疲勞、負面情緒等負面能量。這是日常生活中，每個人都會累積的東西。

把這些負面能量想像成體內充滿著黑煙，然後邊吐氣，邊讓黑煙沿著光繩流往地球的中心。

地球的中心一直維持著相當高的波動，所以不管是哪種負面能量都能好好淨化。

想像淨化完的能量，從黑煙轉化為白光，經由光繩回到你身上。

從尾椎骨流回身體的白光，漸漸遍布全身。

然後重複這段想像好幾次。
等到感覺體內充滿白光，代表扎根結束。

連接地球後，也會連接宇宙的高次元

建議在每天早晚實行能量術。

早上起床實行，會讓思緒更清晰。

晚上睡前實行，當天的疲勞會消除得一乾二淨。

扎根並連接光繩之後，淨化跟能量補給的循環就會自動發生。

就算出現緊張、疲勞或是負面情緒，只要是處於光繩與地球相連的狀態，負面情緒都會徹底流往地球，再變成乾淨的能量回來。

所以，人會變得不易疲倦。

有時直覺也會變得更敏銳。

奠定好基礎之後，感應天線就會一下子打開。

開始能直覺地從高我這個高次元的自己，得到各種資訊或訊息。

問自己該怎麼做才好，就會知道「啊，這麼做就好啦」。

跟地球相連，也會和宇宙相連，就是指這件事。

扎根的技術，只要習慣就非常簡單。

只需要幾分鐘就能完成。

雖然要做的步驟並不多，卻是非常強力的技術。

跟自己相連的時候，即使沒扎根，也會自動引發相同的狀態。

因為二十四小時都相連著，到這階段，就不需要再依賴扎根術了。

人會覺得疲倦，是因為沒有補充能量。

跟地球相連，代表地球這個巨大能量成為你的後盾。這個狀態的力量非常大。

因為這麼巨大的能量會轉變成自己的能量，就不會再受事物影響，經常處於沉穩的狀態，發生任何事都能冷靜面對。

有時候，也許光繩會不知不覺脫落。發現脫落了，只要再連起來就好。

只要無法統整思考，或是變得不專心，就知道光繩脫落了。或是精神上遭受衝擊，像地震般受到物理衝擊時，也會導致光繩脫落。

即使是電腦，也會發生畫面突然消失的情況，最後發現其實是因為插頭鬆脫了。只要重新插好電開機，畫面就會立刻出現。

扎根就像重新插電一樣。透過刻意相連，為自己創造出好好補充能量的途徑。

用歸心專注在自我中心

了解扎根之後，接著來認識歸心吧。

歸心，是將自己的意識專注在自我中心的技術。

腦部有個名為「間腦」的器官，它屬於腦幹的一部分，位於腦部正中央，控制著自律神經。

歸心也是透過心像進行的技術，將自己所有意識專注在實際存在的間腦上。

要先實行扎根，再實行歸心。這兩個技術是一組的。

在透過扎根將自己與地球相連後，接下來，將意識移動到頭腦的中心。

頭部中心，就是間腦的位置，不需要太神經質地去確切定位。大約想像出「中心應該是這附近」，然後把自己的意識百分之百集中在這裡就夠了。

我們的睿智，知道頭腦中心的正確位置。只要你想著「要集中意識在頭腦中心」，身體就會好好地照你的想法完成動作。

接下來，就要開始歸心了。

想像在頭腦中心，有個水晶圓頂搭建成的房間。

市面上有種半圓形的蓋子，蓋著可以預防料理冷卻或是灰塵落在蛋糕上，據說叫「圓頂蓋」。

能量術

◎歸心

1〔起始動作〕

❶坐在椅子上，兩腳腳底貼緊地面或地板。

2〔基本動作〕

❷雙手輕輕合十，收起下巴，伸直背部。

❸輕閉雙眼。

3〔練習作業〕

❹將意識放在脊椎尾部（尾椎骨附近），繼續深呼吸。

4〔心像作業〕

❺在扎根之後，直接把意識放在頭腦中心（間腦的位置）。

❻想像頭腦中心有個水晶圓頂搭建成的房間。

❼走入那個房間，打開房裡的燈。

❽請房間裡除了自己以外的人離開。

❾打掃該房間。

將房間裡不需要的東西經由扎根裡的光繩，收進與光繩相連的「地下收納庫」淨化。

❿在房間中心放張坐起來很舒服的椅子，然後說出以下宣言：

「我，會從這個頭腦中心操控全部的人生。」

「我全部的人生，都要自己掌舵。」

⓫最後，想像頭上有顆光球。

一邊吸氣，一邊讓光球往下移動，接著吐氣，讓這道光照滿整間圓頂房與自己。

⓬大口深呼吸，將意識放在房間的同時，慢慢地張開眼睛。

請把腦中房間的形狀，想像成巨蛋的屋頂。

重要的是，整個房間都是透明的。

我們是為了方便，才在頭腦中心準備一間圓頂房，接下來請試著進入那個房間。

一開始，房間裡一片黑暗。

電燈開關應該就在房間某處，請試著把電燈打開。

打開開關之後，燈光一下子亮起，房間變得清晰可見。

對了，我們會覺得疲累，是因為疲累＝附身。

講到「附身」，可能會聯想到被某個靈附身。可是，會附身的並不只有靈。

有時候，我們也會被活人的意念附身。

不是他們憎恨你，也不是自己懷有恨意。即使是非常喜歡的人，他的意念也有可能會附著在你身上。

這種意念，換個說法就是「執著」。

照亮水晶圓頂房間後，你會知道有各式各樣的人在這個房間裡。

這些人，都是影響你的人。

說不定有你認識的人，也有不認識的人。

如果繼續讓這些人待在房間的話，會無法抵抗這些人對你的影響。

假設A在這裡，A喜歡吃烤肉。

就算你覺得「我沒有特別喜歡吃烤肉」，但只要A繼續在房間裡，你會變得想迎合喜歡烤肉的A，開始受到影響。

無論是再怎麼重要、再怎麼喜愛的人，都不能讓他們進來這個水晶圓頂房間。

雖然僅是在想像中，不過進入房間開燈後，知道有其他人在房間的話，請對那些人說：

「這是我的房間，請回去你自己的地方。」

清楚明確地說出來。

接著，那些人會像能穿牆一樣，漸漸離開這個圓頂房間。

這是歸心的第一步。

好，現在沒有人在房間裡了。

可是，畢竟到剛剛為止還有很多人在房間裡，現在房間很髒。

搞不好有紙屑掉在地上，還有空罐散落一地。

所以，需要打掃房間。

房間的地板上，有扇能掀起的門。

找到那扇門，掀開它之後，會看到地板下的收納庫。

這個收納庫和扎根時的光繩（扎根繩）相連。房間裡不需要的東西，全部都放在這裡就好。

把散落各處的東西都收在這裡，然後再用吸塵器吸地板，或是用掃把掃地。

也需要打掃天花板。用類似除塵撢的東西，把天花板跟牆壁清理到一塵不染吧。

可能會覺得要做完所有事太累了，不過這是想像，一下子就能快速打掃完畢。

打掃完之後，不管是拖把、掃把還是吸塵器，當然連垃圾，都全部收到地下收納庫裡。接著把門關好，蓋住收納庫。

接下來，地下收納庫的東西會自動透過扎根繩流往地球的中心。淨化乾淨之後，再變成能用的能量回到自己身上。

這樣就ＯＫ了。好了，房間變乾淨了。

這是個水晶房間，所以全部都是透明的。換句話說，你可以在房間的中心，三百六十度地操控自己的人生。

為了能自由操控，你可以準備一張自己喜歡的椅子，或是坐起來很舒服的椅子，放在乾淨整齊的房間正中央。

然後，慢慢地坐在椅子上。

接著，在心裡說出：

「我，會從這個頭腦中心操控全部的人生。」

「我全部的人生，都要自己掌舵。」

說哪句都沒問題。

只要能做出「我自己來」的宣言就好。

最後，想像有個光球在頭上。

像太陽一樣，燦爛發光的球體。

這個光球，是高我的能量，也是自我本質的能量。

一邊吸氣，一邊讓這顆光球往下移動。

想像金黃色的光，化作閃耀的光之粒子，從頭上流入，充滿整個圓頂房間。

這時，也去感覺一下身體被這金黃色的光芒逐漸灌滿。

最後，大口深呼吸之後，將意識專注在房間中，然後慢慢張開眼睛。

這就是歸心。

尚未習慣的時候，可能會覺得把意識專注在頭腦的中心有點困難。慢慢習慣，想像自己在房間中心，舒適地坐在沙發上的話，就能做到歸心。

總之，試著在早晚實行看看。光是讀說明可能會覺得很花時間，不過反覆做幾次之後，就會跟扎根一樣，輕輕鬆鬆一下子就搞定了。

能量會流向意圖所往的地方

實行能量術（心像術）時，會不會因為沒有靈力很難順利進行？

先說答案：根本不需要擔心。

能量術是每個人都能做到的事。

只是要有所意圖地去進行。

因為，**能量會隨著意圖流動**。

所謂意圖就是「接下來我要做這件事」的想法。

只要你想這麼做，能量就會聚集，往期望的方向流動。

而且最根本的理由是，**沒有靈力的人根本並不存在**。

靈性世界就是精神世界，用一句話來說，我覺得就是「連結」。

跟自己連結、跟他人連結、跟地球連結、跟宇宙相連，這個世界的所有都是靈性。

不管是誰都一定有所連結。

沒有跟靈性無緣的人。

長時間以來，靈性都被認為是特別的世界。可是，終於到了現在這個時代，理解、並將靈性視為普通的人變多了，以後也會越來越多。

我現在傳達給大家的事，對每個人來說都會變成普通且理所當然。

不過，現在還沒到達這個階段。

所以即使聽過心像術，但實際上無法順利實行的人也不少。

詢問這些人後，發現他們好像不太了解什麼是想像。

想像指的是「思考之後浮現腦海」。

就算被要求想像，也無法想像出光的模樣。即使模模糊糊地看到光，也無法明確想像光的形狀。

當然，也有能想像出明確形狀的人。

從這個情況來看，可能有些人是需要訓練的。不過，若每天早晚持續實行扎根與歸心的話，也算是一種訓練。

如此就能漸漸找回自己的靈力。

另外，歸心需要打掃自己想像出來的房間，不過實際打掃自己現實中的房間，也是個能與自己連結的方法。

自己一個人，在現在所在的空間處理掉多餘的東西。

即使打掃天花板很不容易，也可以拍掉牆壁或架子上的灰塵，再用吸塵器吸地。光是這樣，就能讓心情變輕盈。

能量術裡雖然沒有這個環節，不過我們可以在房間擺一朵花，也能改變現場的能量。

其實，想像中的房間會與我們實際的房間同步。

現實中的房間如果很亂，想像中的房間也會很亂。

而腦中一片混亂，現實裡的房間也會很亂。

覺得想像很困難的時候，就試著改變現實中的場所。

結語
最後想告訴你的事

感謝你一路讀到最後。

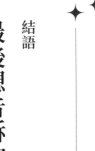

本書一直在談有關「最適化」的事。

就像一開始說過的，不僅這本書，我會出書、演講或是舉辦研討會，都是因為希望我表現或說出的任何內容，能引起你的興趣，或覺得能派上用場、認為「這個好耶」，然後去利用它。我的想法就是這麼單純。

不是希望大家只相信我說的。

因為相不相信，都是個人的自由。

要不要改變，也是個人的自由。

從小，靈性世界跟肉眼看不見的世界對我來說，在現實中都真的存在。我看到的那些世界，對我來說都是理所當然，當時以為大家看到的都跟我一樣。

可是，其實有著人們看不見的世界。而我知道自己來到這裡，是因為有責任在身。不知不覺間，也真的開始從事現在的工作。

告訴大家：「時機，就是現在囉！」我認為是件非常重要的事。因為不告訴大家的話，就沒有人會知道。

再加上我常常是在決定期限後才告訴大家，某種意義上是相當冒險的做法。

因為這種做法，有時會讓我被指責是在煽動不安。

但是，我知道這就是事實，無法假裝不知道。

為什麼我會有這些資訊，並且身在此處，是因為我需要告訴大家這些事。所以對我來說，只要能傳達給願意接受的人，這樣就夠了。

盡可能使用現在能傳達資訊的媒體去表達，這件事相當重要。

跟現在截然不同的人生與發展，正在等著我們。

這是至今沒有體驗過的事，所以我才站在前頭帶領大家。這也是我的職責。

「只要這樣就好。」

「沒事沒事，冷靜冷靜。」

「沒事啦，不用擔心。」

為了告訴你這些，我才來到這裡，所以不能不這麼做。

本書會在這個時間點出版，有它的意義在。

最終，要選擇覺醒，還是選擇沉睡？

就算是選擇覺醒，到底得花多久時間覺醒也因人而異。

有人會快速且加速覺醒，也有人覺醒得緩慢，說不定是在脫離現在的肉身，得到新的肉身後才開始覺醒。

在這次的冬至選擇沉睡的人，不管輪迴幾次，都會是體驗沉睡的狀態。

這一點，就是最大的分歧點。

就算有二〇二一年冬至這個期限，我也不曾說請在這天之前覺醒。

我只是在告訴你，請在那天之前決定覺醒，而不是要在那天之前覺醒。

決定覺醒的話，就展現出覺醒的態度吧。

如果覺醒的態度錯誤，雖然很可惜，但就無法往覺醒的方向前進。為了不淪入這種情況，我才在此幫助大家。

因此，不用著急。

也不用變得不安。

不用覺得「我還沒覺醒」就是汙點。

只要察覺到這件事就好，只要這樣就好。

「覺醒的方向，原來是這麼一回事。」

只要能察覺到這件事，我出版這本書就有意義了。

感謝各位。

Eurasian Publishing Group
圓神出版事業機構
用心與你對話．視野無限寬廣
方智出版社
Fine Press

www.booklife.com.tw　reader@mail.eurasian.com.tw

方智好讀 158

最適化的世界：讓一切成爲最佳狀態，最理想的未來

作　　者／並木良和
譯　　者／高宜汝
發 行 人／簡志忠
出 版 者／方智出版社股份有限公司
地　　址／臺北市南京東路四段 50 號 6 樓之 1
電　　話／（02）2579-6600・2579-8800・2570-3939
傳　　真／（02）2579-0338・2577-3220・2570-3636
副 社 長／陳秋月
副總編輯／賴良珠
主　　編／黃淑雲
責任編輯／胡靜佳
校　　對／胡靜佳・黃淑雲
美術編輯／蔡惠如
行銷企畫／陳禹伶・蔡謹竹
印務統籌／劉鳳剛・高榮祥
監　　印／高榮祥
排　　版／杜易蓉
經 銷 商／叩應股份有限公司
郵撥帳號／ 18707239
法律顧問／圓神出版事業機構法律顧問　蕭雄淋律師
印　　刷／祥峰印刷廠
2023 年 5 月　初版

"SAITEKIKA" NO SEKAI

First published in Japan in 2021 by Kizuna Publishing.
Traditional Chinese translation rights arranged with PHP Institute, Inc.

定價 270 元　ISBN 978-986-175-738-4

人們傾向於用一種狹隘的隧道視野看待世界，這需要付出一些努力才能改變。我們會認爲：如果我今天感覺這樣，之後我也將永遠這樣——我們很少會意識到能量隨時在振盪，你所經歷的只是時間長河中的某個瞬間，不會是永遠。

——《強效顯化的8個祕密》

國家圖書館出版品預行編目資料

最適化的世界：讓一切成為最佳狀態，最理想的未來／
並木良和 著；高宜汝 譯 .-- 初版 .-- 臺北市：方智出版社
股份有限公司，2023.05
176 面；14.8×20.8 公分 --（方智好讀；158）
ISBN 978-986-175-738-4（平裝）

1. CST：靈修　2. CST：心靈學

192.1　　112003439